अनकहे एहसास

विशाल शर्मा

क्रम-सूची

भूमिका

यह पुस्तक , "अनकहे एहसास" आपके हाथों में सौंपते हुए मुझे अत्यंत हर्ष का अनुभव हो रहा है । यह एक कविता संग्रह है जो प्रेम और उससे मिले धोखे पर आधारित है ।ये   कविताएं मेरी अपनी अनुभूतियों की अभिव्यक्ति मात्र नहीं है, बल्कि ये उस सार्वत्रिक अनुभव का प्रतिबिंभ है, जो हर मनुष्य अपने जीवन मे कभी न कभी अनुभव करता है । प्रेम , आशा , निराशा , संघर्ष और विजय - ये सभी भाव इन कविताओं मे आपको कही न कही अपनी ही कहानी कहते हुए प्रतीत होंगे ।

मैने इन कविताओं मे भाषा को सरल और सहज रखने का प्रयास किया है , ताकि ये हर वर्ग के पाठक तक पहुंच सके और उनके हृदय को स्पर्श कर सके । मै आशा करता हूं कि ये कविताएं आपको भावनात्मक रूप से समृद्ध करेंगी । यह मेरी पहली पहली काव्य-कृति है, और मैं आपके सुझावों और प्रतिक्रियाओं का सहर्ष स्वागत करता हूँ । आपकी प्रतिक्रियाएं मेरे लिए मार्गदर्शन का कार्य करेंगी और मुझे भविष्य मे और भी बेहतर लिखने के लिए प्रेरित करेंगी ।

अतःमे ,मैं अपने परिवार, मित्रो और प्रकाशक का भी आभार मानना चाहूंगा, जिनके समर्थन के बिना यह पुस्तक प्रकाशित नहीं हो पाती और साथ ही एक ऐसे विशेष व्यक्ति का भी आभार व्यक्त करूंगा कि जिनके समर्थन, विचारों और साथ के बिना शायद ही मे कभी अपने बीते दर्दों से उभर पाता । उस विषेश व्यक्ति ने न सिर्फ मुझे शैक्षणिक अध्ययन करना सिखाया, साथ ही व्यक्तिगत जीवन अध्ययन के माईने सिखाए । धन्यवाद ।।

विशाल शर्मा

भूमिका

1. साथ होकर भी मेरे , तुम साथ न दे पाई

साथ होकर भी मेरे
तुम साथ न दे पाई
जुड़ा हुई तुम मुझसे
पर वजह न दे पाई

सारे एहसास कराए तुमने
पर खुद महसूस न कर पाई
सपने मे भी डरता था जिन बातों से
वो तुमने सच कर दिखाई

बयां इस दर्द को
कैसे करू इन पन्नों पर
आँखों मे आँसू देख भी
तुम उन्हे नाटक ही समझ पाई

- विशाल शर्मा

2. क्या आसान होता है , किसी को छोड़ देना

क्या आसान होता है
यूं किसी को छोड़ देना
इतनी आसानी से किए
हर वादों को तोड़ देना

क्या इतने कच्चे होते है
प्यार से बांधे हर धागे
फिर क्यों आसान होता है
यूं दिलो को तोड़ देना

- *विशाल शर्मा*

3. काश तुम चाँद , मै सितारा होता

kaash तुम चाँद
और मै सितारा होता
हर काली रात मे
साथ सिर्फ तुम्हारा होता

लोग देखते तो तुम्हें बेशक
पर सिर्फ दूर से
पास से देखने का हक
सिर्फ हमारा होता

- विशाल शर्मा

4. मेरी शख्सियत को उसने

मेरी शख्सियत को उसने
इस कदर सजाया   था
हंसना भूल गया था मैं
उसने हर बार हंसाया था

दूर से देखती थी वो मुझे
जब तक तो सब ठीक था
पर बातें तो बिगड़ी तब
जब आकर उसने मुझे थामा था

हम साथ है या नहीं
ये अलग बात है
पर उसके साथ ने मुझे
बहुत कुछ सिखाया था

- *विशाल शर्मा*

5. देखो तो सही , कितना बदल चुका हूं

देखो तो सही
कितना बदल चुका हूं
तेरे जाने के बाद से मे
खुद को खो चुका हूं

तेरी खुशी मे हंस्ता था
दुखी भी तेरे लिए होता हूं
रोता नहीं था मे पहले
अब सारी रात रोने लगा हूं

बेखौफ़ रहता था हमेशा
पर अब डरने लगा हूं
किया था मे पहले
और किया बन चुका hun

- विशाल शर्मा

6. रात कहां से तू आती है

रात कहां से तू आती है
अपने साथ फिर यादें ले आती है
जब सारी रात जागा करते थे साथ
वेसी प्यारी सी रात अब कहां आती है

अब जगते है सुबह की तन्हाईयों मे
और शामे यूं ही निकल जाती है
कितनी खूबसूरत थी वो सर्द रातें
जिनकी हर बात हर रात सताती है

फिर रोज सूनी सी रात आती है
तुमहरी गुड नाइट की याद आती है
महीनों से तुमको देखा तक नहीं
अब तो आंखे भी नम हो खुद सोजाती है

- विशाल शर्मा

7. छोड़ना था यूंही राहों मे

छोड़ना था यूंही राहों मे
तो हाथ हमारा थामा था कियू
जब जाना था ख्वाबों मे किसी और के
तो हमारे ख्वाबों मे आए थे क्यों

जो पसंद था हमारा यू रोना
तो हसने की वजह बनाते थे क्यों
और मानलिया नहीं था प्यार हमसे
फिर jhutha प्यार जताते थे क्यों

- विशाल शर्मा

8. तुम अगर साथ होती

तुम अगर साथ होती
तो आँखों से ये बरसात न होती
तुम अगर साथ होती
तो गायब ये मुस्कुराहट न होती

न होती यू तन्हाईयों से मुलाकात
न होती अकेलेपन मे हर रात
काश .... काश जाने से पहले
एक बार तो कर लेती हमे याद

- *विशाल शर्मा*

9. खोकर तुम्हें मालूम हुआ

खोकर तुम्हें मालूम हुआ
की जुदाई क्या होती है
तड़पता है ये दिल
और आंखे हर रात रोती है

कुछ यूं तन्हा सा होगया hun
तेरे जाने के बाद से मे
की आंखे बंद होते ही
तेरी मुस्कुराहट दिखाई देती है 1

- विशाल शर्मा

10. पानी को बहते जाना है

पानी को बहते जाना है
सूरज को शाम मे डूब जाना है
कब तक रोयेंगी ये आंखे याद मे तेरी
इन्हे भी सुबह तक सूख जाना है

हम को भी एक दिन संभल जाना है
यादों को तेरी दिल से मिटाना है
जाते देखा है लोगों को दूर अपनों से
पर yunबदलता सिर्फ तुझे ही पाया है

- विशाल शर्मा

11. मोहब्बत को अब तुम ख्वाबों मे करती हो

मोहब्बत को अब तुम खवाबों मे करती हो
सीने से लगाना है तुम्हें पर तुम ख्वाबों मे मिलती हो
जानती हो तुम एक ख्वाब से रिश्ता है हमारा
तभी शायद तुम इंतजार ख्वाबों मे करती हो

एक गुज़ारिश करूंगा मुकम्म्ल होसके तो
कम से कम ख्वाबों मे आना छोड़ दो
हकीकत मे बहुत रोया हूं तुम्हारे लिए
पर अब ख्वाबों मे सताना छोड़ दो

- विशाल शर्मा

12. हाथ थामो जो किसी का

हाथ थामो जो किसी का
उसे कभी छोड़ना मत
रिश्ता बांधों जो किसी से
उसे कभी तोड़ना मत

भले ही क्यूं न ज़िंदगी का
हर एक पल बदल जाए
पर उन बदलते पलों मे
हमसफर तुम बदलना मत

- विशाल शर्मा